LA

MARSEILLAISE

Comparaison des Différentes Versions

VARIANTES

DE LA MÉLODIE, DU RYTHME ET DE L'HARMONIE

PAR

Constant PIERRE

Quatre planches de Musique hors texte

PARIS

MAGASIN DE MUSIQUE DU CONSERVATOIRE

ERNEST LACOMBE

11, FAUBOURG POISSONNIÈRE, 11

1887

LA MARSEILLAISE

LA
MARSEILLAISE

Comparaison des Différentes Versions

VARIANTES

DE LA MÉLODIE, DU RYTHME ET DE L'HARMONIE

PAR

Constant PIERRE

———

Quatre planches de Musique hors texte

———

PARIS

MAGASIN DE MUSIQUE DU CONSERVATOIRE

ERNEST LACOMBE

11, FAUBOURG POISSONNIÈRE, 11

—

1887

LA MARSEILLAISE

COMPARAISON DES DIFFÉRENTES VERSIONS

Variantes de la Mélodie, du Rythme et de l'Harmonie

I

LA MÉLODIE

La musique de la *Marseillaise*, telle qu'on la connaît généralement, n'est pas conforme au texte primitif qui, avant de nous parvenir, a reçu plusieurs modifications, volontaires ou inconscientes, soit qu'elles aient été faites dans le but de rectifier la première version, soit qu'elles résultent d'erreurs subies dans la transmission orale ou de la reproduction de textes altérés, gravés et manuscrits. Les variantes de la mélodie originale n'existent que dans les éditions parues depuis le moment où les volontaires marseillais eurent popularisé l'hymne de Rouget de Lisle, jusqu'à ce que le texte adopté par Gossec dans l'*Offrande à la liberté*, fût devenu pour ainsi dire officiel. Retrouvées plus tard, sans date précise, avec ou sans nom d'auteur, ces différentes versions ont été la source de polémiques ardentes concernant la paternité de la musique.

S'il a été répandu beaucoup d'encre à ce sujet, il n'en est pas de même relativement à l'examen et à la comparaison de ces versions. Sans jeter un jour nouveau sur la question, une semblable étude pourrait aider à la comprendre en faisant ressortir les phases par lesquelles est passé l'air de Rouget de Lisle avant d'être constitué définitivement, et ne fût-ce qu'à titre de curiosité historique, elle offrirait encore son intérêt. C'est pourquoi nous avons cru devoir l'entreprendre.

Bien qu'on n'ait pu réussir jusqu'ici à retirer à Rouget de Lisle la paternité de son œuvre, il faut convenir que de nombreuses singularités, des faits obscurs, énigmatiques, ont légitimé bien des doutes et autorisé les contestations. Tout en le reconnaissant pour le véritable auteur du *Chant de guerre pour l'armée du Rhin* [1], on peut affirmer hautement que la musique de cet hymne ne lui appartient pas entièrement. Sous l'empire de l'enthousiasme patriotique, il a trouvé des accents d'un souffle puissant, incorrectement rendus cependant au point de vue technique, par suite de son inexpérience musicale. L'idée, la forme mélodique, lui reviennent sans conteste et les imperfections qu'on relève dans son œuvre n'amoindrissent pas son mérite, puisque pour donner à la mélodie un caractère plus musical, il n'a fallu que changer ou déplacer quelques notes, mais, c'est assez pour lui en refuser la composition intégrale.

On objectera peut-être que l'édition de Strasbourg ne portant pas de nom d'auteur, il n'est pas équitable d'attribuer à Rouget de Lisle les imperfections qu'elle contient. Ce serait le dépouiller tout-à-fait. Mieux vaudrait, — quoique ce soit peu probable — considérer cette édition comme fautive. Et dans ce cas, pourrait-on prouver qu'elle n'a pas été faite sous la surveillance de l'auteur ou d'après une copie fournie par lui? S'il en était autrement, c'est-à-dire, s'il y avait erreur d'impression, Rouget de Lisle n'aurait pas manqué de le signaler dans la notice qu'il eut soin de placer en tête de ce morceau dans son *Recueil de cinquante chants français* qu'il fit paraître en 1825, et dans laquelle il explique comment il l'écrivit.

A qui doit-on alors les modifications de la version originale? Il est plus aisé de poser la question que de la résoudre. On se trouve ici en présence de faits qui empêchent non seulement de connaître l'auteur, mais encore de savoir s'il y a unité ou pluralité. Deux éditions, avec variantes, publiées après celle de Strasbourg, sont anonymes. Aucune ne donne la mélodie telle qu'elle s'est perpétuée, toutefois elles contiennent chacune plusieurs passages qui,

---

[1] C'est sous ce titre qu'il parut pour la première fois, on l'appela ensuite *Marche des Marseillais*, *Hymne des Marseillais* et enfin la *Marseillaise*.

réunis, la forment complètement. A la même époque, elle est notée, cette fois tout entière, dans *l'Offrande à la liberté*, de Gossec. Est-ce à dire qu'il se soit inspiré de ces deux versions? C'est possible, mais il peut y avoir aussi rencontre fortuite et même priorité. Bien que les deux éditions précitées paraissent antérieures à l'ouvrage de l'illustre compositeur, leur date n'est qu'approximative (août et septembre); d'autre part, il est évident que Gossec a écrit son opéra-ballet quelque temps avant la première représentation qui eut lieu le 2 octobre 1792. Par conséquent, ces trois versions se suivent à si peu de distance qu'il serait hasardeux de se prononcer catégoriquement. Quel sujet complexe! Dès que l'on croit un point éclairci, surgissent de nouvelles difficultés. Néanmoins, il reste acquis que la mélodie de Rouget de Lisle a subi plusieurs changements auxquels il est demeuré étranger. Voyons maintenant sur quels document son peut appuyer cette opinion.

I. L'édition originale. — Il est inutile de rappeler dans quelles circonstances Rouget de Lisle composa son *Chant de guerre pour l'armée du Rhin*, nos grands historiens ont retracé les divers épisodes qui présidèrent à son apparition, sinon avec une exactitude absolue, du moins avec toute l'autorité de leur talent. L'impression fut grande sur les premiers auditeurs, cependant les plus optimistes étaient loin de prévoir son importance et l'influence qu'il exercerait sur les événements politiques et militaires.

Il se répandit assez vite, d'abord par des copies manuscrites, puis par une édition typographiée ; mais ce n'est pas à cette dernière qu'il doit sa diffusion. Probablement tirée à petit nombre, ou limitée à la contrée, elle semble à peine connue des contemporains. Longtemps ignorée, même au XIXᵉ siècle, on n'en eût connaissance que lors de la discussion engagée sur la paternité. Un exemplaire confié à M. A. Rouget de Lisle fut reproduit par lui dans l'opuscule consacré à la défense de son parent [1]. Plus préoccupés de la question de personnalité que de l'œuvre en elle-même, les polémistes ne s'y arrêtèrent point malgré les remarques intéressantes dont elle pouvait être l'objet.

---

[1] La vérité sur la paternité de la Marseillaise, Paris, 1865.

Cette édition sortie des presses de Ph. J. Dannbach, imprimeur de la municipalité à Strasbourg, ne porte pas de nom d'auteur. La date se trouve indiquée par la dédicace au *Maréchal Luckner* qui quitta le commandement de l'armée du Rhin vers le milieu de mai, ainsi qu'il résulte d'une proclamation faite à Valenciennes le 21 de ce mois.

La mélodie écrite en ut, pour voix seule avec une ritournelle de violon insignifiante, cause, à la lecture, une véritable surprise. On hésite à reconnaître l'air si populaire tant le mélange de notes étrangères déroute l'oreille et enlève à l'ensemble de sa franchise.

Voici, comparés avec la version moderne, les passages défectueux de la mélodie de Rouget de Lisle.

Dès le début, [1] le mot *Allons*
est ainsi noté   sol mi
au lieu de   sol sol

Sur la seconde syllabe de *patrie* (2ᵉ mesure) les notes sol, fa, mi, se succédant par degré conjoint, rendent la mélodie moins coulante qu'avec sol, mi, do. Ces dernières formant l'accord parfait brisé sont plus agréables à l'oreille, elles ont en outre l'avantage de bien déterminer la tonalité.

Que dire de la *sensible* qui après la *tonique* (4ᵉ mesure), vient commencer le deuxième fragment mélodique?

Un peu plus loin, (mesure 11), la mélodie est molle et manque d'aplomb sur ces paroles :

Entendez-vous dans les cam-
dont la prosodie est détestable notée :   si   ré   fa   ré
Combien la phrase est plus correcte
de la manière suivante :   ré   fa   ré   si

Ce passage est écrit d'une façon moins heureuse dans les versions nᵒˢ 3 et 5.

L'effet cherché par Rouget de Lisle sur le mot *mugir* (mesures 12 et 13) est beaucoup mieux rendu par l'altération de la sensible se résolvant sur la sus-tonique. Seulement esquissé par lui, il acquiert une grande puissance par cette substitution de notes.

De même ce passage :

                              Aux ar - mes ci - to - yens,
noté :   sol   sol   mi   do   do   ré
pouvait-il prévaloir contre   sol   sol   sol   mi   do   ré ?

---

[1] Voyez les planches de musique.

Comme il æ fallu peu de choses pour donner la force à une phrase plate et sans énergie, aujourd'hui pleine d'élan.

Sans être absolument mauvais l'intervalle de septième sur *impur* (mesures 25 et 26), ne s'est pas maintenu. L'intonation, sourde et difficile à saisir, devient plus brillante et beaucoup plus chantante avec le *ré*. Une légère critique encore sur la croche et la double-croche placées à l'extrémité du 4ᵉ temps des mêmes mesures. Elles détruisent l'aplomb en se précipitant sur la note suivante, tandis que la noire maintient le rythme et facilite l'émission de la voix.

Pour ne rien omettre signalons l'*ut* (mesure 23, 4ᵉ temps) qui n'est pas incorrect, mais que Gossec a remplacé avantageusement par un *ré*, nous en reparlerons plus loin.

On voit combien la mélodie de Rouget de Lisle est imparfaite et ce qu'elle a gagné par des retouches habiles. C'est donc avec raison que l'on peut lui en contester la composition intégrale ; toutefois il ne faut pas oublier qu'elle fut improvisée et que, sans elle, l'hymne dont tous les musiciens ont reconnu la valeur, n'eût peut-être jamais existé.

II. Première édition « Frère ». — Le *Chant de guerre pour l'armée du Rhin* parvint à Paris peu de temps après son apparition à Strasbourg, mais il était réservé aux volontaires marseillais de le populariser dans la capitale. Ils le chantèrent en maintes occasions, notamment à leur arrivée le 30 juillet, et à l'attaque du château des Tuileries le 10 août ; se l'assimilant de telle sorte qu'ils paraissaient interpréter un chant du pays natal, leur appartenant en propre, plutôt que l'œuvre d'autrui. De l'auteur et du titre primitif, il n'était pas question. On ne connaissait pas le *Chant de guerre*, mais la *Chanson*, la *Marche* ou l'*Air des Marseillais*.

Des éditions parues à ce moment chez Cousineau, Imbault, Lebeau, les frères Savigny, Frère, etc., une seule était connue : celle de la collection de M. Sohier à Mantes. Publiée par Frère sous le n° 45, sans date, sans nom d'auteur, elle est intitulée *Chanson des Marseillais, chantée sur l'emplacement de la Bastille*, ce qui l'a fait croire postérieure au 10 août. Elle est écrite en *ut* comme celle de Strasbourg. Nous avons vu à la Bibliothèque nationale une autre édition portant le n° 246 sans nom d'auteur ni d'éditeur, absolument conforme à celle de Frère quant à la musique; une légère différence existe dans le titre qui porte « chantée sur la *place* de la Bastille » au lieu de « sur l'emplacement. »

A part quelques erreurs grossières, ces éditions marquent un progrès sur la précédente. Elles contiennent plusieurs passages qui améliorent sensiblement la mélodie de Rouget de Lisle, sur lesquels néanmoins nous ne nous étendrons pas : il suffit de constater les changements apportés à la version originale.

Voici les innovations admises définitivement. Au début (2ᵉ note) et aux mesures 2, 4, 10, 12, 13, 19, 21, il y a eu substitution de notes et la croche du 4ᵉ temps (mesure 26) a été remplacée par une noire.

La mesure 11 n'est pas encore au point ; il ne lui manque plus que peu de choses et déjà on pressent sa dernière transformation.

Quant aux mesures 1, 5 et 7, la notation première a été conservée mais avec une différence de rythme qui laisse à désirer.

Une remarque qui s'applique à toutes les versions de l'époque même à celle de Gossec. Les croches pointées suivies de doubles-croches sont invariablement remplacées par des croches ; ce qui amollit le rythme et donne à la mélodie un caractère languissant qui contraste avec le sens musical.

A côté d'améliorations importantes, cette version renferme une énormité. Par suite de confusion dans les valeurs, on a écrit les mesures 16 à 18 avec une anticipation de deux temps qui détruit l'aplomb de la phrase et a fait dénaturer la terminaison pour conserver la carrure. De cette particularité on pourrait conclure que l'édition n'a pas été faite sur une copie quelconque, mais bien d'après la tradition orale.

III. Edition de l'Imprimerie du Département de la Guerre. — Cette édition dont un exemplaire est conservé à la bibliothèque de Fécamp a pour titre : *Marche des Marseillais chantée sur différents théâtres*. Elle est notée en sol, sans nom d'auteur, avec cette mention : Imprimerie

du département de la Guerre, 5, rue Favart, 1792. C'est
la première qui ait une date positive. On y voit quelques
modifications (mesures 4, 12 et 13), qui existent déjà dans
l'édition Frère, — nous avons dit qu'il est impossible de
savoir à laquelle revient la priorité — ; celles des mesures
11 et 26 lui sont particulières ; ce sont elles qui ont prévalu.

Les modifications qu'on rencontre aux mesures 2, 6, 13,
15, 17, 18, 19 et 21, n'offrent aucun avantage sur le texte
primitif. Les deux dernières surtout sont à critiquer. N'est-
ce pas un non-sens que cet accent mineur sur un appel
aux armes qui doit être au contraire plein de vigueur et
de sonorité ?

Enfin c'est dans cette édition que, pour la première fois,
on trouve le refrain, mais seulement à partir de « Marchons » ;
c'est Gossec qui le fit ensuite prendre sur les mots : « Aux
armes citoyens » Nous insistons spécialement sur ce
point, car un musicographe n'a pas craint d'avancer, avec
une légèreté d'autant plus blâmable qu'il a eu connaissance des différentes éditions, que Navoigille est le premier qui eût l'idée de faire répéter ces quelques mesures.

C'est le même d'ailleurs qui, sans aucune preuve, désigne Gossec comme l'auteur de la présente édition, on
verra plus loin ce qu'il faut penser de cette assertion.

Bien que l'année seule soit indiquée sur cette édition,
on est fondé à croire qu'elle date des premiers jours de
septembre. Le *Patriote Français* (n° du 1er octobre) nous
apprend qu'après la bataille de Valmy (20 septembre),
Kellermann ayant écrit au Ministre de la Guerre pour ob-
tenir l'autorisation de célébrer cette victoire par un *Te
Deum*, le ministre Servan lui répondit que la *Chanson des
Marseillais* était le *Te Deum* de la République Française,
et il lui en adressa un exemplaire. Quelques jours après
Kellermann accusa réception de cet envoi dans les termes
suivants que nous reproduisons d'après la dépêche originale conservée aux Archives historiques du Ministère de
la Guerre :

« Du Quartier général de Dampierre-sur-Auve
Le 29 septembre 1792, l'an Ier de la République. — N° 274.

« J'ai reçu Monsieur, la lettre que vous m'avez fait
l'honneur de m'écrire en datte du 26 de ce mois par la-

quelle vous m'accusé (*sic*) la réception de mes dépêches du 24. Je substituerais très volontiers au *Te Deum* l'hymne des marseillais que j'ai trouvé joint à votre lettre et le ferai chanter solennellement avec la même pompe que j'aurai mise au *Te Deum*. Je tacherai de trouver un éloquent et chaud patriote pour prononcer quelques harangues énergiques et digne de la cause de ses défenseurs..... »

IV. La version de Gossec. — L'enthousiasme du public pour la *Marche des Marseillais* en avait fait le complément obligé de toute représentation théâtrale ; bientôt les auteurs imaginèrent de l'intercaler dans l'action ou d'en faire le sujet de leurs ouvrages. Le premier et le plus important fut l'*Offrande à la liberté*, opéra-ballet de P. Gardel et Gossec. La partition publiée par Imbault existe à la bibliothèque du Conservatoire ; c'est à dessein que nous en donnons le titre *in-extenso* :

Offrande à la liberté, scène composée de l'air Veillons au salut de l'empire et de la Marche des Marseillais, avec récitatifs, chœurs et accompagnement à grand orchestre, exécutée à l'Opéra le 30 septembre de l'an 1ᵉʳ de la République [1] *arrangée par le citoyen Gossec, Directeur de la musique de la garde nationale parisienne.*

C'est le premier document authentique contenant la *Marseillaise* qui porte une date certaine et un nom d'auteur. Forts de ce témoignage, plusieurs écrivains ont affirmé que les changements apportés à la version originale sont dus à Gossec. Ils se sont trop avancés, croyons-nous, un examen attentif des textes contemporains les eût rendus plus circonspects.

C'est dans l'œuvre de Gossec, il est vrai, que l'on trouve pour la première fois la mélodie de Rouget de Lisle dans sa forme *à peu près* définitive, mais il ne s'ensuit nullement qu'il soit le premier et unique auteur des retouches qu'elle a subies. Pour cela, il faudrait que sa version fût la plus ancienne ou qu'il ait participé aux éditions faites par Frère et l'Imprimerie du département de la Guerre.

---

[1] Selon G. Chouquet, la première représentation eut lieu non le 30 septembre, mais le 2 octobre suivant. (*Hist. de la musique dramatique en France*, p. 371.

Quoique nous n'ayons pas la preuve irréfragable de l'antériorité de ces deux éditions, il existe néanmoins de fortes présomptions pour l'affirmative. La date ne peut en être fixée d'une manière précise, mais leur état imparfait indique clairement qu'elles appartiennent à la période d'évolution : en rectifiant certains passages de la mélodie originale, elles laissent subsister quelques erreurs et en créent même de nouvelles, ainsi qu'on l'a vu dans le paragraphe que nous leur avons spécialement consacré. Il est donc invraisemblable que ces erreurs se fussent produites après la version si correcte de Gossec. Comprend-t-on un éditeur assez audacieux pour chercher à opposer un texte défectueux à celui de l'illustre musicien, ou assez maladroit pour le publier alors que la question de propriété artistique n'offrait encore aucun obstacle à la reproduction ? D'ailleurs nous avons la certitude que la partition de Gossec n'a été gravée qu'après le 21 octobre 1792. Exécutée d'abord sous le nom d'*Hymne à la liberté*, elle reçut celui d'*Offrande à la liberté* vingt jours après [1]. Or, comme il n'est pas fait mention de ce premier nom au frontispice de la partition, on peut en conclure qu'elle ne fut publiée qu'après cette époque [2]. En admettant, à la rigueur, que les éditions précitées ne soient pas antérieures à la composition de l'œuvre de Gossec, elles ont été faites au moins en même temps, et dans ce cas on ne peut leur reprocher de lui avoir fait des emprunts. Il est possible qu'il en soit de même à l'égard du célèbre compositeur, mais alors on nous accordera qu'il n'a pas le mérite exclusif des modifications revendiquées pour lui seul.

Prétendra-t-on qu'il y a eu rencontre fortuite ? C'est douteux, si grand que soit le hasard.

Quant à supposer que Gossec ait contribué à établir les versions publiées par Frère et l'Imprimerie du département de la Guerre, nous nous y refusons absolument quoique nous ne puissions nous appuyer sur aucun fait précis, mais, après une sérieuse inspection des textes la

---

[1] Chouquet. *Histoire de la Musique dramatique en France*, p. 371.

[2] Une annonce insérée dans le *Moniteur* du 20 novembre (page 1380), nous autorise à croire qu'elle ne parût que vers le milieu de ce mois.

logique nous le commande. En effet, il est inadmissible qu'un musicien de la valeur de Gossec ait laissé subsister les défectuosités que l'on rencontre dans chacune d'elles, notamment la notation à contre-temps des mesures 16, 17, 18, de l'édition Frère avec la terminaison bizarre qui en est la conséquence, ainsi que l'accent mineur des mesures 19 et 21 de l'édition du département de la Guerre. En outre se serait-il déjugé à ce point qu'après avoir introduit dans cette dernière un *ré* à la mesure 26, il ne l'eût pas maintenu par la suite, surtout a si peu d'intervalle ?

En résumé, si les considérations que nous venons d'exposer ne suffisent pas à démontrer infailliblement l'antériorité des deux éditions dont il s'agit, toutes les apparences sont pour elles. Tandis qu'au contraire, rien ne vient prouver d'une façon indéniable que Gossec est le seul et véritable auteur des changements contenus dans sa version. Avec sa compétence incontestable, il a fait un choix judicieux parmi les variantes en circulation et composé un texte assurément remarquable, mais dont on trouve les éléments, à une exception près, dans les susdites éditions. Ce sont les mesures 2, 4, 10, 12, 13, 17, 19 et 21 de la version Frère et les mesures 6, 11, 15 de celle du département de la Guerre.

De ses innovations, une seule a prévalu, c'est le *ré* de la mesure 23 ; il complète une gamme diatonique qui donne du mouvement à la phrase mélodique ; les autres, portant sur le rythme ou la notation des mesures 5, 6, 12 et 15, n'ont pas été conservées.

On doit encore à Gossec une modification au refrain qui ne commençait qu'au mot « Marchons » (mesure 22) et qu'il fit prendre par le chœur à la mesure 18, sur la phrase « Aux armes citoyens..... »

V. Deuxième édition « Frère ». — On la croit publiée après le 16 octobre : le *ré* de la 23e mesure qu'on n'a vu jusqu'ici que dans la version de Gossec, semble justifier cette assertion ; s'il en était autrèment, elle lui enlèverait le bénéfice de sa seule innovation. Elle est plus complète que la précédente du même éditeur et réunit les changements particuliers à cette dernière à ceux de l'édition du département de la Guerre. Sauf deux passages, elle ne présente presque pas de différence avec la version moderne. Le premier, (mesure 10), n'est pas mauvais, mais il est monotone et offre l'inconvénient d'amener quatre *ré* en deux mesures. Quant au second, (mesure 13), il est franchement défectueux, d'une intonation au moins bizarre et d'un effet peu mélodique.

On cherche en vain sa raison d'être, si réellement elle est parue après celle de Gossec.

VI. — La version de Navoigille. — Nous n'avons pas donné la musique de cette édition, — c'est à peu de chose près la reproduction de la version du département de la Guerre — mais nous ne pouvons la passer sous silence : elle constitue le seul document sérieux, quoique insuffisant, qui ait été produit jusqu'ici pour la contestation de paternité.

Un exemplaire intitulé *Marche des Marseillois, musique du citoyen Navogille, accompagnement de guitare par le citoyen Mathieu*, découvert par F. J. Fétis, venait confirmer les allégations de Castil-Blaze [1]; il publia dans la *Revue et Gazette musicale* [2] un article dont voici la conclusion : « mais son plus beau titre de gloire (à Navoigille), celui « qui recommandera sa mémoire à la postérité, est la créa- « tion du chant de la *Marseillaise*. »

Ce fut le signal d'une vive polémique à laquelle prirent part de nombreux écrivains français et étrangers et dont le résultat tourna à la confusion de Fétis. Il dut se rétracter devant un exemplaire de l'édition de Strasbourg que lui communiqua G. Kastner [3].

Avec plus de réflexion, l'éminent critique se fût évité ce désagrément. Certes le fait en soi méritait d'être signalé, mais avec les plus grandes réserves ; la prudence est la première des conditions dans des questions si délicates. La date qu'il assignait lui-même à l'édition de Navoigille : 1793, ne l'autorisait pas à la considérer comme l'édition princeps, bien que celle de Strasbourg fût encore ignorée, et par conséquent à se prononcer aussi formellement. Cette date est approximativement établie par l'adresse de l'éditeur Goujon « Grande Cour du Palais

---

[1] *Molière musicien* (1852) tome II p. 450.
[2] N° du 19 juillet 1863, *la vérité sur la Marseillaise*.
[3] *Revue et Gazette musicale* n° du 30 octobre 1864.

Egalité ». D'après les registres de la Commune, c'est dans la séance du 15 septembre 1792 que Louis-Philippe-Joseph et sa famille reçurent le nom d'Egalité, le jardin du Palais-Royal devint en même temps le jardin de la Révolution. Par extension, le peuple substitua à ce dernier nom, celui d'Egalité, mais l'éditeur ne put l'employer que lorsqu'il eut reçu la consécration de l'usage, c'est-à-dire en 1793.

Le raisonnement de Fétis étant infirmé pour ce qui est relatif à la question de paternité, il reste à expliquer comment il a pu se trouver un musicien assez peu scrupuleux pour mettre son nom sur une œuvre ne lui appartenant pas. Cela paraît impossible et cependant jusqu'à ce que de nouveaux documents aient été mis à jour, on ne peut nier l'évidence. Plusieurs éditions anonymes ont paru avant celle de Navoigille, elles n'ont pu lui échapper et, si l'absence de nom d'auteur a fait croire un moment qu'on se trouvait en présence d'un chant traditionnel et conséquemment du domaine public, lorsque Rouget de Lisle en fut proclamé l'auteur à la tribune de la Convention et que son nom fut mis sur une édition de 1795, pourquoi Navoigille n'a-t-il pas réclamé et fait valoir ses droits? Le même reproche a été adressé à Rouget de Lisle mais sans tenir compte qu'emprisonné jusqu'au 9 thermidor, il en fut empêché. On cherche vainement le mobile qui a poussé Navoigille à commettre une indélicatesse d'autant plus impardonnable qu'il n'a pas même l'excuse d'avoir donné une version qui lui soit personnelle ; il s'est au contraire approprié les modifications des éditions antérieures et en particulier celles de la version du département de la Guerre, qui sont loin d'être toutes bonnes : mesures 2, 4, 11, 15, 17 et 26. Il n'est même pas possible, pour sa justification, de le considérer comme l'auteur anonyme de cette dernière version, puisqu'il a encore emprunté, à l'édition Frère, la notation des mesures 19 et 21. Le seul changement qui lui soit propre est à la mesure 13 où le troisième *la* de l'édition du département de la Guerre est remplacé par un *do* comme dans celle de Strasbourg. Ce qui la distingue des autres, c'est la reproduction des valeurs (croches pointées et doubles-croches) du *Chant de guerre pour l'armée du Rhin.*

Malgré toutes ces preuves, un historien, après avoir attribué gratuitement à Gossec les modifications apportées

à l'édition du département de la Guerre, ajoute pour démontrer que Navoigille a contribué à perfectionner la
version de Rouget de Lisle : « Que manque-t-il principa-
« lement à la mélodie revue, corrigée et considérablement
« améliorée par Gossec, pour reproduire celle que tout le
« monde sait par cœur, que tout le monde chante au-
« jourd'hui?

« J'entends tous mes lecteurs me répondre : Il manque
« la fameuse phrase, répétée deux fois, et si pleine d'élan,
« qui commence le refrain : *Aux armes citoyens !* »

Et plus loin : «... l'édition Navoigille donne enfin ce re-
« frain dans son intégrité, et achève conséquemment de
« constituer la mélodie immortelle de la Marseillaise [1]. »
Puis, n'exigeant pas d'être cru sur parole, il renvoie aux
planches de musique où nous voyons que la reprise ne
commence qu'au mot « Marchons », toujours comme
dans l'édition du département de la Guerre [2]. En voulant
trop prouver en faveur de Navoigille, il ne réussit qu'à
faire ressortir combien il est en contradiction avec lui-
même. Nous regrettons d'avoir à relever les erreurs d'un
écrivain plus autorisé que nous, — on y verra peut-être,
bien à tort, quelque témérité de notre part, — mais pour
lui emprunter une de ses expressions « la vérité avant
tout. » N'est-ce pas le même qui après avoir mis en doute
l'existence de la partition de l'*Offrande à la liberté* signalée
par G. Chouquet [3], écrivait les lignes suivantes : « Je
« suppose, sans en avoir cependant la preuve matérielle
« entre les mains, que le *chant* de cette édition est le
« même que celui de l'édition typographiée publiée à peu
« près à la même époque par le département de la
« Guerre [4] »

On voit l'inconvénient qu'il y a de se prononcer sans
avoir tous les textes sous les yeux.

---

[1] A Loquin. *Les mélodies populaires de la France*, p. 106.
[2] C'est Gossec qui fit le premier la reprise « Aux armes citoyens.» On l'a vu précédemment.
[3] A. Loquin. *Les mélodies pop*, p. 90 note 4.
[4]   id   p. 103 note 3.

VII. Edition du « Magasin de musique à l'usage des Fêtes nationales. » — Publiée sous ce titre : *Air des Marseillais par J. Rouget de Lisle*, cette édition est la copie textuelle de la version de Gossec et il n'y aurait rien à en dire si on ne s'était mépris à son égard. De ce que le nom de Rouget de Lisle y figure, un écrivain a cru pouvoir porter le jugement suivant : « Or que fait Rouget « de Lisle retrouvant sa mélodie après trente ou trente- « cinq mois, tellement améliorée qu'elle en est devenue « méconnaissable ? Il adopte tout franchement, il adopte « purement et simplement comme siens, il signe, en un « mot et le triton et tous les changements si heureux de « Gossec et le splendide élan du refrain de l'édition de « Navoigille : *Aux armes citoyens...* » A notre avis c'est une accusation non justifiée, qu'il convient de réserver pour l'édition de 1825 et que l'auteur n'eût certainement pas formée s'il avait eu connaissance de la version de *l'Offrande à la liberté*. Dans l'espèce tout porte à croire que Rouget de Lisle n'a été mêlé en aucune façon à cette édition. Le « Magasin de musique à l'usage des Fêtes nationales » fondé par le directeur et quelques professeurs de l'Institut national de musique était chargé de la publication mensuelle des morceaux destinés à la célébration des fêtes civiques et, en souscrivant à plusieurs centaines d'exemplaires, le Comité de Salut public lui avait donné un caractère quasi-officiel. Or, ayant à faire une édition de l'hymne national, il n'était pas nécessaire de s'adresser à Rouget de Lisle, l'arrangement de Gossec, Inspecteur de l'enseignement, auquel était confiée la direction des exécutions publiques, se trouvait tout naturellement indiqué. Ce n'est pas ici une vague supposition de notre part, le texte même est assez probant. On y voit un *si* (mesure 10) et un *ré* (mesure 23) que l'officier du génie n'a pas approuvé ; témoin son édition définitive de 1825. En outre, la basse qui, pour la première fois, a été notée sous le chant, est identique à celle de la première strophe de *l'Offrande à la liberté*, sauf pour les mesures 15 à 18 qui donnent la basse de la deuxième, Gossec ayant varié l'harmonisation de chacune des cinq strophes. En comparant cette version, (mélodie et harmonie) avec celle d'un *Recueil de 24 hymnes, chansons ou romances avec accompagnement de forté-piano et de violon obligé par Joseph Rouget* *de Lisle, capitaine au corps du génie*, publié par les mêmes éditeurs et annoncé dans les *Petites affiches* du 24 pluviose an III, nous espérions trouver la confirmation de notre opinion, malheureusement nos recherches pour découvrir ce recueil ont été vaines ; il n'existe pas dans les bibliothèques publiques [1].

L'édition qui fait le sujet de ce paragraphe existe au Conservatoire de Musique ; on n'en connaît pas exactement la date, mais elle n'est pas antérieure à 1795. Par les livraisons parues mensuellement, nous savons que e siège du « Magasin de musique à l'usage des fêtes nationales » était rue Joseph en vendémiaire an III, puis en nivôse (décembre-janvier), rue des Fossés-Montmartre, adresse qui se trouve sur ledit exemplaire.

VIII. — Version adoptée par Rouget de Lisle, 1825.

— Avant de terminer sa carrière Rouget de Lisle rassembla, dans son *Recueil de 50 chants français*, tous les morceaux dont il avait fait les paroles et la musique ou seulement la musique. *L'hymne des Marseillais* était du nombre, non tel que le donne la version de Strasbourg, mais avec la majeure partie des changements provenant des éditions de 1792. Cette contradiction peut être diversement appréciée. Faut-il incriminer Rouget de Lisle ou l'absoudre ? A vrai dire, on n'est pas suffisamment éclairé pour décider s'il a agi sciemment, involontairement ou de bonne foi ; il serait donc imprudent de se prononcer sur de simples probabilités, d'autant qu'il se présente plusieurs hypothèses pouvant se résoudre également par l'affirmative et la négative ainsi que dans les deux sens à la fois. Il pouvait ne plus se souvenir de sa mélodie primitive ou n'en pas avoir conservé de copie ; comme aussi il a pu se croire autorisé à reproduire des variantes d'auteurs anonymes, en s'appuyant sur l'édition de 1795 qui porte son nom, laissant ainsi aux éditeurs la responsabilité de les lui avoir attribuées. Quoi qu'il en soit, Rouget de Lisle ne pouvait donner d'autre texte que celui transmis par la tradition et, ce n'est pas en s'appropriant l'œuvre d'autrui qu'il a failli, mais plutôt en négligeant de le confesser

---

[1] A part cette annonce, nous n'avons rien trouvé dans les feuilles de l'époque concernant les éditions de la Marseillaise.

franchement. La notice qui précède *l'hymne des Marseillais*
sous sa sincérité apparente, laisse subsister l'équivoque ;
son but ne ressort pas clairement. A-t-elle été écrite pour
défendre des droits déjà contestés, pour prévenir des ré-
clamations ou pour donner le change ? Son existence indique quelque préoccupation, quelque scrupule, sinon un
remords. Après cette déclaration : « Je fis les paroles et
« l'air de ce chant à Strasbourg, dans la nuit qui suivit
« la proclamation de la guerre, fin d'avril 1792... » — ce
que nous savons en partie inexact, — Rouget de Lisle
ajoute comme pour atténuer la portée de son affirmation :
« Lorsqu'il fit son explosion, quelques mois après, j'étais
« errant en Alsace sous le poids d'une destitution encourue
« à Huningue pour avoir refusé d'adhérer à la catastrophe
« du 10 août et poursuivi par la proscription immédiate
« qui, l'année suivante, dès le commencement de la
« Terreur, me jeta dans les prisons de Robespierre d'où
« je ne sortis qu'après le 9 thermidor. » N'est-ce pas reconnaître implicitement qu'il est resté étranger aux changements faits à sa mélodie, puisqu'il ne fut d'abord
réintégré dans son emploi qu'après le succès éclatant de
l'Offrande à la liberté? Ici encore la contradiction est
étrange et l'ambiguité de la notice ne peut la faire interpréter que défavorablement ; un peu plus de clarté était
indispensable pour prévenir les soupçons. Nous nous bor-
nerons à constater le fait sans commentaires.

La comparaison de la version de 1825 avec les précédentes présente un intérêt particulier en ce sens qu'elle
fait connaître l'opinion de Rouget de Lisle sur les modifications faites à sa mélodie. Il n'adopte pas entièrement
l'une ou l'autre de ces versions, il retient de chacune d'elles
ce qu'il juge convenable, en rejette parfois des passages
meilleurs que ceux qu'il conserve et modifie même sa
première version en supprimant les appogiatures des mesures 8 et 12 ainsi que le *sol* qui termine la mesure 15
auquel il préfère le *mi* de l'édition du département de la
Guerre. Il repousse le *si* de la mesure 10 et le *ré* que Gossec
a si heureusement introduit à la mesure 23, mais la postérité lui a donné tort en les maintenant. Par contre ses
innovations dans le rythme des mesures 7 et 17, ainsi que
le *sol* de la mesure 26, n'ont pu prévaloir. Les notes em-
pruntées aux versions antérieures se répartissent comme

suit : 4 proviennent de l'édition du département de la Guerre, 6 lui sont communes avec l'édition Frère et celles du refrain (mesures 19 et 21) sont prises dans cette dernière ; on en trouvera le détail aux planches de musique où elles sont indiquées par les lettres B et C. Enfin on remarquera que Rouget de Lisle a rétabli les croches pointées suivies de doubles croches du texte primitif au lieu des croches qu'on y avait substituées.

En négligeant des changements avantageux pour introduire ou conserver des puérilités, Rouget de Lisle n'a pu réussir à constituer un texte correct et par suite définitif, aussi les compositeurs du XIXᵉ siècle — à part Berlioz qui en lui dédiant son orchestration devait respecter le texte de l'auteur, — ne pouvaient s'en contenter. Dans l'incertitude chacun a suivi son propre sentiment et il en est résulté de nombreuses variantes, un mélange de différentes versions allant jusqu'à la confusion.

C'est ainsi que M. L. Delibes a reproduit, d'après la version de 1825, le rythme des mesures 5, 7, 17 et qu'il s'est conformé à celle de Gossec pour le *si* et le *ré* des mesures 10 et 23, de même que pour le *là* du 4ᵉ temps (mesure 26) au lieu de *la sol* que Rouget de Lisle a voulu substituer en dernier lieu. Il n'a pas cru devoir maintenir le *mi* (mesure 15) et lui a préféré le *sol* de l'édition de Strasbourg, qui donne plus de brillant à la phrase.

M. E. Pessard a également conservé cette dernière note ainsi que celles des mesures 10 et 23 et il a rétabli le rythme primitif des mesures 5 et 7, c'est-à-dire une noire par temps.

*
* *

L'analyse que nous venons de faire des différentes versions de l'hymne national et la longue dissertation qui en est la conséquence peuvent se résumer dans ces quelques lignes : la musique de la *Marseillaise* n'émane pas entièrement de Rouget de Lisle, la mélodie qu'il a écrite a reçu plusieurs modifications importantes d'auteurs inconnus, .

dont Gossec s'est inspiré pour former un texte qui a été longtemps en usage, mais auquel Rouget de Lisle ne s'est pas complètement rallié malgré la tradition, de sorte que le chant qui nous a été transmis est composé d'éléments de diverses sources.

Les conclusions que nous avons tirées des documents connus et du peu que nous avons mis en lumière, sont parfois en désaccord avec celles des écrivains qui se sont occupés de la paternité, nous en avons expliqué la cause. Peut-être de nouvelles découvertes viendront les infirmer, nous le verrons sans regret : c'est la loi commune aux travaux ayant pour but de reconstituer ou d'étudier des faits obscurs et sur lesquels on ne possède que des matériaux incomplets. En saura-t-on jamais davantage sur cette question toujours pendante ? En le souhaitant ardemment, il est permis d'en douter.

II

L'HARMONIE

La *Marseillaise* a été considérée par quelques musiciens comme impossible à harmoniser convenablement. Sans être aussi exclusif, on ne peut nier qu'elle offre certaines difficultés et que l'harmonisation n'en a jamais été faite de façon à satisfaire complètement les puristes. Cela tient à la contexture de la mélodie. L'hymne de Rouget de Lisle est du petit nombre de mélodies qui peuvent se passer du secours de l'harmonie; les accords les plus savants ne font que la soutenir, ils ajoutent peu à l'effet de la phrase musicale entraînante par elle-même. Cependant si l'unisson convient mieux aux voix, la musique instrumentale exige un accompagnement en rapport avec les ressources de ses nombreux éléments.

Aussitôt que le *Chant de Guerre* fut connu à Strasbourg, des musiciens du théâtre l'harmonisèrent et le firent exécuter par la musique militaire, à ce que rapportent certains historiens. D'autres prétendent que Pleyel ou Edelmann, compositeurs de talent alors fixés dans la cité strasbourgeoise, en firent l'accompagnement pour le clavecin. Est-il besoin de dire qu'aucun de ces arrangements ne nous est parvenu? Seul, ou à peu près, celui de Gossec a échappé à l'oubli et fait moins regretter la perte des autres.

On ne peut méconnaître la valeur de l'harmonie du célèbre auteur de la *Messe des Morts*, néanmoins pour quelques passages qui ont résisté, certains ont rapidement vieilli. Les premiers ont servi de type aux compositeurs modernes qui ont légèrement modifié l'enchaînement des accords et conservé deux mesures intactes; quant aux autres ils devaient s'efforcer de les rajeunir.

Une étude approfondie serait trop aride et nous entraînerait trop loin; d'ailleurs il ne nous appartient pas de juger l'œuvre des maîtres, laissons ce soin à d'autres plus compétents. Nous ne mentionnerons donc que les points sur lesquels ont porté les améliorations. En premier lieu ce sont les modulations passagères, qui pour donner plus de richesse à l'accompagnement détruisent l'unité tonale dans ce morceau de si courte durée, puis la pédale de dominante manquant de mouvement pour un chant aussi rythmé, et enfin, le dessin placé sous le refrain rappelant les traits fréquemment employés alors dans la symphonie, mais qui contraste ici avec la monotonie de la pédale précédente et n'est point dans le caractère de la mélodie.

Rouget de Lisle tout en se guidant sur Gossec a su donner une tournure plus moderne à son accompagnement. S'il a employé des accords discutables, quelques-uns sont heureusement trouvés. Parmi ces derniers il faut citer le *la* bémol (mesure 13) qui donne à la phrase un caractère plus sombre et que depuis, les harmonistes n'ont pas négligé, ainsi que la progression reliant ce passage au refrain en ramenant le ton principal par une douce transition. Par exemple ce qu'on ne saurait trop critiquer c'est le *fa* dièze (mesure 26) donnant le sentiment de la tonalité de *sol* immédiatement avant la cadence parfaite d'*ut*. Pourtant Rouget de Lisle a trouvé des imitateurs.

Lors de la Révolution de 1830, dans un de ces moments d'exaltation sous l'empire desquels il composait ses ouvrages, Berlioz fit un arrangement de l'*hymne des Marseillais* à grand orchestre et à double chœur qu'il dédia à Rouget de Lisle. Voici un détail caractéristique indiquant assez l'état d'esprit, la conviction, l'ardeur du compositeur épris d'un sujet ayant le don de l'enthousiasmer. Au lieu des indications habituelles, la tablature de la partition porte ces mots en regard de la partie de chant : « Tout ce qui a une voix, un cœur et du sang dans les veines. » Dans cette orchestration les flûtes et hautbois sont éliminés, en revanche il y a force cuivres augmentés de nombreux instruments à percussion, grosses-caisses et timbales auxquelles il a souvent confié des accords complets.

A l'audition il se peut que l'effet soit immense, mais des accords frappés au commencement de chaque mesure, sans enchaînement régulier, entrecoupés de dessins ou fragments de contre-chants formant parfois des dissonnances très dures, ne constituent pas une basse au sens classique du mot. Tout cela forme une scène descriptive grandiose, sublime peut-être, nulle pourtant au point de vue théorique, le seul dont nous ayons à nous occuper ici. Du reste on n'ignore pas combien Berlioz faisait peu de cas des règles établies ; il se préoccupait avant tout de l'impression à produire et il n'est guère possible de s'en faire une idée par la lecture de la partition.

Franchissons un espace de quarante ans ; la guerre néfaste vient d'être déclarée et, comme en 1792, la *Marseillaise* est chantée sur les scènes théâtrales : à l'Opéra Mme Marie Sasse et J. Faure excitent de vifs transports. L'accompagnement du jeune auteur de *Coppelia*, d'une harmonie très pure, au rythme bien accusé, a remplacé avantageusement celui de ses devanciers. Nous ignorons s'il s'est inspiré de la basse de Gossec (il a reproduit quelques fragments des 1e, 2e et 4e strophes,) toujours est-il que la sienne est très correcte, d'un bon style, tout en ne s'écartant pas de la tonalité principale.

Une autre harmonie est due à l'auteur du *Capitaine Fracasse*. Sa basse diffère sensiblement des précédentes et en adoptant une nouvelle marche, il n'a pas réussi à les faire oublier. A part la syncope (mesure 3) esquissée par Berlioz, qui est d'un excellent effet surtout avec le *ré*, les autres passages laissent à désirer, notamment à partir de la mesure 22 où le compositeur a été entraîné à répudier la basse de Gossec (mesure 25) jusqu'alors respectée. Celle qu'il a mise à la place n'est pas fautive assurément, mais elle est d'une grande pauvreté et forme avec la mélodie une suite de tierces par mouvement semblable, conduisant au *fa dièze* que nous avons déjà signalé comme défectueux.

Il existe encore nombre d'arrangements, on comprendra que nous ne pouvions nous arrêter qu'aux principaux. C'est assez pour faire ressortir la division qui règne à ce sujet parmi les compositeurs, la multiplicité de basses que ce chant peut recevoir et la difficulté d'en trouver une réunissant toutes les qualités désirables.

III

LA VERSION DU MINISTÈRE DE LA GUERRE

Par une note en date du 29 février 1879, rappelant un décret du 26 messidor, an III, le ministre de la guerre prescrivait que l'*Hymne des Marseillais* serait joué par les musiques militaires dans toutes les circonstances où elles sont appelées à exécuter un air officiel. Cette note ne contenant aucune indication sous le rapport musical, les chefs de musique avaient toute latitude pour le choix de la version, sa tonalité, l'harmonie et l'orchestration, de sorte que l'on comptait presque autant d'arrangements que de musiques. Nous n'insisterons pas sur les inconvénients, au point de vue artistique, de ce défaut d'uniformité, on ne s'en serait certes pas préoccupé s'ils n'avaient été primés par l'impossibilité de réunir plusieurs musiques dans les grandes solennités.

Pour faire cesser cet état de choses, le Général Boulanger, à l'exemple de son prédécesseur qui avait entrepris l'unification des airs nationaux étrangers, décida, le 11 août 1886, que tous les chefs de musique de l'armée arrangeraient la *Marseillaise* pour fanfare ou harmonie et que l'arrangement reconnu le meilleur serait rendu obligatoire dans toute l'armée [1].

Cent quatre-vingt-neuf partitions, dont quelques-unes adressées par des compositeurs civils, furent soumises à

---

[1] Journal militaire officiel, 1886, n° 55 page 351.

la Commission chargée d'examiner annuellement les candidats aux emplois de chef et de sous-chef de musique militaire [1]. Le résultat du concours fut négatif.

Pour être imposé officiellement, il fallait un arrangement irréprochable. Aucun ne répondait d'une façon assez digne au but qu'on s'était proposé, soit pour la mélodie, qui n'était pas toujours choisie parmi les meilleures versions, soit pour l'harmonie et l'orchestration qui étaient loin d'ajouter à la puissance et à l'éclat de l'hymne de Rouget de Lisle. Trois partitions cependant avaient été réservées pour être jugées à l'audition, mais vu l'importance de la décision à prendre, M. Ambroise Thomas proposa au Ministre d'adjoindre à la Commission les compositeurs qui, en 1884, avaient fait partie du jury du concours pour l'emploi de chef de musique de la Garde républicaine :

MM. Massenet, Léo Delibes, membres de l'Institut, professeurs de composition au Conservatoire ; E. Guiraud, Grand Prix de Rome également professeur de composition au Conservatoire ; MM. Th. Dubois et Ch. Lenepveu, Grands Prix de Rome, professeurs d'harmonie au même établissement. C'est devant ce jury éminent que la musique de la Garde Républicaine exécuta les arrangements susdits à l'Opéra le 26 janvier 1887. A l'unanimité on reconnut que sous le rapport de l'harmonie surtout, ils laissaient à désirer.

Dans ces conditions, les intentions du Ministre de la Guerre n'étaient pas remplies et le verdict du jury faisait ressortir davantage la nécessité d'établir, au triple point de vue de la mélodie, de l'harmonie et de l'orchestration, une version correcte, exempte de recherche et conservant à l'hymne national son caractère de simplicité et de grandeur. En déclarant le concours sans résultat la Commission se trouvait pour ainsi dire engagée à satisfaire au désir du Ministre, elle offrit spontanément de se charger elle-même de l'arrangement.

Il fallait d'abord choisir un texte mélodique parmi les variantes en usage : sept passages de la version du dépar-

---

[1] Cette commission est composée de M. Ambroise Thomas, membre de l'Institut, Directeur du Conservatoire national de musique, président ; de MM. Duprato, Jonas, Gastinels, grands Prix de Rome ; Sellenick, ancien chef de musique de la Garde républicaine.

tement de la Guerre (1792), deux autres de l'édition Frère et deux de Gossec furent adoptés [1]. Ensuite on s'occupa de l'harmonie; une longue séance fut consacrée à discuter, mesure par mesure, la nature et la marche des accords. Quant à l'instrumentation, après un échange de vues sur l'ensemble et sur le rôle à confier à chacun des divers éléments, la Commission décida que MM. Jonas et Sellenick auxquels on adjoignit M. Wettge, chef de musique de la Garde républicaine, seraient chargés, sous la direction de M. Ambroise Thomas, d'élaborer un projet de partition sur lequel il serait statué après exécution. L'audition seule pouvait donner une idée de l'effet général et révéler les passages susceptibles d'améliorations eu égard à l'équilibre des diverses sonorités. Elle eut lieu au Conservatoire le 29 mars. Quelques changements furent encore faits séance tenante et après plusieurs essais satisfaisants, la Commission déclara sa mission terminée.

Cette instrumentation est très sobre, les traits et dessins sont impitoyablement exclus, toutes les parties marchent à peu près note pour note et la mélodie domine l'ensemble dans toute sa mâle énergie. On remarque deux beaux effets : une sorte de gémissement rendu par le saxophone alto, les trompettes et altos sur les mots *Entendez-vous dans les campagnes...* et les coups de grosse-caisse imitant le canon sur le 3e temps des quatre mesures de la phrase *Ils viennent jusque dans nos bras...* La partition a été déposée à la bibliothèque du Conservatoire.

Contrairement à ce qu'on a écrit, ce n'est pas un arrangement particulier simplement approuvé ou légèrement modifié, mais une œuvre tout à fait impersonnelle résultant d'un travail collectif. Il est donc impossible de déterminer la part de collaboration de chacun ou d'attribuer à tel ou tel membre de la Commission un mérite qu'aucun ne songe à réclamer. Nous le répétons, c'est une œuvre impersonnelle, supérieurement traitée ; le talent et l'expérience des auteurs en sont les plus sûrs garants.

---

[1] Ils sont indiqués par les lettres B, C et D, aux planches de musique.

LA MARSEILLAISE

—

Notice Explicative des Planches de Musique

———

Toutes les basses et la partie de chant des versions nᵒˢ 1 et 11 sont gravées en notation ordinaire. Les passages des autres versions écrits en petites notes, sont conformes à l'édition originale (nᵒ 1) et les grosses notes qu'on y rencontre marquent une différence avec elle.

Afin de restreindre le nombre de portées, *la partie de chant* de plusieurs versions, faisant double emploi ou ne présentant qu'une légère différence avec une autre déjà notée, a été supprimée :

La version nᵒ 6 se trouve sur la 3ᵉ portée, les queues de notes en bas ;

La version nᵒ 8 est identique au nᵒ 7 ;

Les nᵒˢ 9 et 10 sont également conformes au nᵒ 7, sauf les mesures 15, 10 et 23 qui se rapportent la première à la version nᵒ 1 et les deux autres au nᵒ 4. Enfin, les mesures 5 et 7 de la version nᵒ 10 sont semblables au nᵒ 1.

L'étoile (*) placée au-dessus ou au-dessous d'une note indique qu'elle ne se trouve que dans cette seule version, et l'astérisque (*) désigne une variante existant dans plusieurs éditions.

Les lettres marquent les passages qui se trouvent déjà dans les versions précédentes, ainsi :

B, C, G, I.

correspondent à 2, 3, 7, 9.

Aux versions 7 et 11, pour ne pas multiplier les signes, on a négligé les lettres A et D ; de sorte que les notes qui ne portent aucune indication spéciale se rapportent pour la mélodie à la version originale (nᵒ 1) et pour la basse, à celle de Gossec (nᵒ 4).

———

(*a*) Les queues de notes placées en haut forment la version nᵒ 3, les autres appartiennent à la version nᵒ 6.

(*b*) La partie de chant est notée sur la portée nᵒ 3, les queues de notes en bas.

ERRATA

—

Version nº 1, mesure 21, il faut une étoile sur les notes *mi do*.
  —   —   — 27,   — des croc. au lieu de doub.-croc.
  —   3,   — 6 à 12, les notes se trouvent sur la 4ᵉ portée.
  —   —   — 17, il faut une étoile sur *si la*.
  —   4,   — 6 à 12, les queues de notes placées en haut appartiennent à la version nº 3.
  —   5,   — 23 et 26, le *ré* doit être en grosse note.
  —   7,   — 11 et 26, mettre un B au-dessus du *ré*.
  — 11,   — 2   —   —   — du 1ᵉʳ *mi*.
  —   —   — 11   —   —   — du *si*.
  —   —   — 13   —   —   — du *la*.
  —   —   — 17   —   — D au lieu de B.
  —   —   — 13   —   — D   — C.

Saint-Amand (Cher). — Imprimerie de DESTENAY.

LA MARSEILLAISE

Comparaison des différentes versions

Variantes de la Mélodie, du Rythme et de l'Harmonie

Par CONSTANT PIERRE

13 14 15 16 17 18 19
_gir ces féro_ces soldats   Ils viennent jusque dans vos bras   Egor_ger vos fils vos compagnes   Aux ar _ mes ci_to_
Bassons 8ª bas.
Timbales.